LA COMPRENSIÓN DEL ESPÍRITU SANTO

A TU ALCANCE

PATMOS

La comprensión del Espíritu Santo, a tu alcance

Publicado por Editorial Patmos
Miami, FL 33166

Publicado originalmente en inglés por Rose Publishing, LLC, 140 Summit Street, Peabody, Massachusetts 01961-3473, USA, con el título *Understanding the Holy Spirit Made Easy*.

Autor colaborador: Len Woods
Diseño de portada e interior por Cristalle Kishi
Adaptación del diseño al español por Adrián Romano
Fotos e ilustraciones provistas por Shutterstock.com
Traducido y editado por Grupo Scribere

ISBN: 978-1-58802-947-8

Impreso en Brasil | *Printed in Brazil*

CONTENIDO

«La vida llena del Espíritu no es una edición especial de lujo del cristianismo. Es parte integral del plan total de Dios para Su pueblo».

A. W. TOZER

¿QUIÉN ES EL ESPÍRITU SANTO?

Antes de Su muerte, resurrección y ascensión, Jesús prometió a Sus discípulos que les enviaría a «otro Consolador para que los acompañe siempre: el Espíritu de verdad, a quien el mundo no puede aceptar porque no lo ve ni lo conoce. Pero ustedes sí lo conocen, porque vive con ustedes y estará en ustedes» (Juan 14:16–17).

Es importante destacar tres aspectos en la promesa de Jesús:

- En primer lugar, «otro Consolador» significa otro del mismo tipo. En otras palabras, mientras hablaba de Su propia partida, Jesús prometió enviar a Sus seguidores un ayudador que sería como Él.
- En segundo lugar, Jesús regularmente se refería al Espíritu como a «Él» y no como a «eso». Esto significa que el Espíritu es una persona, no un poder indefinido ni una fuerza impersonal.
- En tercer lugar, Jesús les aseguró a Sus discípulos que este Espíritu de verdad divino y personal nunca los abandonaría. El Espíritu Santo es el compañero y el consolador constante del cristiano. ¡El Espíritu Santo es Dios que vive en aquellos que creen en Jesús y le siguen!

¿Qué sucedió en Pentecostés?

Después de que Jesús ascendió al cielo, Sus discípulos se reunieron en Jerusalén para orar y celebrar la fiesta judía de Pentecostés. El sonido de una gran ráfaga de viento llenó la casa en la que estaban. La imagen de una lengua de fuego apareció sobre cada discípulo. Por el poder del Espíritu Santo, los discípulos hablaron en diferentes idiomas (o «en lenguas»). La multitud que se había reunido en la ciudad para Pentecostés fue testigo de este poder y algunos se asombraron grandemente, pero otros se burlaron de los discípulos. Sin embargo, 3000 personas creyeron y fueron bautizadas.

Este suceso fue el primero de muchos acontecimientos milagrosos que demostraron que las promesas de Jesús eran verdaderas: «Pero cuando venga el Espíritu Santo sobre ustedes, recibirán poder...» (Hech. 1:8) y este Espíritu Santo vivirá contigo y estará en ti (Juan 14:17).

(Lee sobre los eventos de Pentecostés en Hechos 2:1–41).

LA TRINIDAD

Para entender quién es el Espíritu Santo necesitamos entender quién es Dios. Esto significa que necesitamos aprender lo que Dios revela en Su Palabra sobre Su naturaleza trina. De la Biblia, podemos obtener las siguientes verdades:

Dios es espíritu

- Esto significa que Su naturaleza esencial es incorpórea o no física.
- Juan 4:24

Dios es uno

- Esto significa que no hay múltiples dioses, y que la naturaleza o esencia de Dios es la unidad perfecta.
- Deuteronomio 6:4; Isaías 44:6–8; 45:5

El único Dios existe como tres Personas distintas: Dios Padre, Dios Hijo y Dios Espíritu Santo

- Dios es trino en Su naturaleza. Él es uno, pero es tres a la vez. A esto se refieren las personas cuando hablan de la Trinidad. Para nuestras mentes finitas, esta «identidad trina» es un misterio imposible de comprender, pero la Biblia revela claramente a Dios como una Trinidad de personas divinas que existen en perfecta unidad.

- Mateo 3:16–17; 28:18–19; 2 Corintios 13:14; Efesios 4:4–6

Cada una de las personas de la Trinidad es plenamente Dios, y no las debemos confundir unas con otras

El Padre es Dios.

- 1 Corintios 8:6; Efesios 4:4–6

El Hijo es Dios.

- Juan 1:1–5, 14; 10:30–33; 20:28; Hebreos 1:6–8; Filipenses 2:9–11
- También lee estos pasajes sobre la Deidad de Jesús: Isaías 7:14; 9:6; Juan 1:1, 18; 8:58, 59; 10:30; Hechos 20:28; Romanos 9:5; 10:9–13; Colosenses 1:15, 16; 2:9; Tito 2:13; Hebreos 1:3, 8; 2 Pedro 1:1; 1 Juan 5:20

El Espíritu Santo es Dios.

- Hechos 5:3–4; 2 Corintios 3:16–17 (comparar con Ex. 34:34).

Con ese rápido resumen, podemos responder la pregunta:

¿Quién es el Espíritu Santo?

¡El Espíritu Santo es Dios! Él es la tercera Persona de la Trinidad.

«Por tanto, vayan y hagan discípulos de todas las naciones, bautizándolos en el nombre del Padre y del Hijo y del Espíritu Santo». Mateo 28:19

Este diagrama, a menudo llamado el Escudo de la Trinidad, ilustra cómo cada una de las tres Personas de la Trinidad es Dios, pero cada una es distinta a la otra.

Atributos Divinos de la Trinidad

ATRIBUTO DIVINO	PADRE	HIJO	ESPÍRITU SANTO
Eterno	Romanos 16:26–27	Apocalipsis 1:17	Hebreos 9:14
Creador de todas las cosas	Salmos 100:3	Colosenses 1:16	Salmos 104:30
Omnipresente (capaz de estar en todos los lugares a la vez)	Jeremías 23:24	Efesios 1:23	Salmos 139:7
Omnisciente (lo sabe todo)	1 Juan 3:20	Juan 21:17	1 Corintios 2:10
Ejerce su voluntad y obra de manera sobrenatural	Efesios 1:5	Mateo 8:3	1 Corintios 12:11
Da vida	Génesis 1:11–31; Juan 5:21	Juan 1:4; 5:21	Romanos 8:10–11; Juan 3:8
Fortalece a los creyentes	Salmos 138:3	Filipenses 4:13	Efesios 3:16

ACTIVIDADES DEL ESPÍRITU SANTO

En el pasado, el Espíritu Santo:

- Creó el mundo (Gén. 1:2; Sal. 104:30).
- Inspiró y supervisó a los autores humanos de la Escritura (2 Ped. 1:21).
- Concibió a Jesús (Luc. 1:35).
- Resucitó a Jesucristo (Rom. 8:11; 1 Ped. 3:18).

En el presente, el Espíritu Santo:

Sella

Como un sello de autenticidad, el Espíritu Santo nos marca como propiedad de Dios.

«En él también ustedes, cuando oyeron el mensaje de la verdad, el evangelio que les trajo la salvación, y lo creyeron, fueron marcados con el sello que es el Espíritu Santo prometido». Efesios 1:13

Regenera

Sin este renacimiento espiritual, no podemos presentarnos vivos ante Dios (Ef. 2:1–5).

«Lo que nace del cuerpo es cuerpo; lo que nace del Espíritu es espíritu». Juan 3:6

Mora dentro

Cuando depositamos nuestra confianza en Cristo, ¡el Espíritu Santo del Dios viviente se instala de manera real en nuestra vida!

«Y si el Espíritu de aquel que levantó a Jesús de entre los muertos vive en ustedes, el mismo que levantó a Cristo de entre los muertos también dará vida a sus cuerpos mortales por medio de su Espíritu, que vive en ustedes». Romanos 8:11 (ver también 1 Cor. 6:19).

Convence

El Espíritu Santo convence a las personas de su necesidad de arrepentirse del pecado y de acudir a Cristo para obtener justicia.

«Y, cuando él venga, convencerá al mundo de pecado y de la justicia de Dios y del juicio que viene». Juan 16:8, NTV

Guía

Cuando la vida es oscura y el camino es incierto, el Espíritu Santo es nuestro líder.

«Pero cuando venga el Espíritu de la verdad, él los guiará a toda la verdad, porque no hablará por su propia cuenta sino que dirá solo lo que oiga y les anunciará las cosas por venir». Juan 16:13

El templo del Espíritu Santo

En los tiempos del Antiguo Testamento, el templo (y anteriormente el tabernáculo) era el lugar donde residía la presencia especial de Dios. Era el santuario sagrado donde el pueblo de Dios se encontraba con su Dios santo.

En el Nuevo Testamento, a la unión de todos los creyentes, la iglesia, se le llama el templo de Dios. Como dice el apóstol Pablo:

- *¿No saben que ustedes son templo de Dios y que el Espíritu de Dios habita en ustedes?* (1 Cor. 3:16).

No solo la unión de todos los creyentes es considerada como el templo, sino que nuestros cuerpos individuales también se llaman templos:

- *¿Acaso no saben que su cuerpo es templo del Espíritu Santo, quien está en ustedes y al que han recibido de parte de Dios?* (1 Cor. 6:19)

El Espíritu de Dios, que en tiempos antiguos habitaba en el templo, ahora vive dentro de cada creyente. Conocer esta verdad debería animarnos a «honrar a Dios con [nuestro] cuerpo» (1 Cor. 6:20). Nuestros cuerpos, tanto individualmente como juntos al representar el cuerpo de Cristo (la iglesia), no deben usarse para el pecado y la inmoralidad, sino para honrar a Dios al ser receptivos a la obra del Espíritu cuya presencia nos hace santos.

Consuela

El Espíritu Santo es el consejero y defensor de los seguidores de Jesús durante las veinticuatro horas del día.

«Y yo le pediré al Padre, y él les dará otro Consolador para que los acompañe siempre». Juan 14:16

Enseña

El Espíritu Santo nos muestra lo que está bien, lo que está mal y cómo vivir.

«Pero el Consolador, el Espíritu Santo, a quien el Padre enviará en mi nombre, les enseñará todas las cosas y les hará recordar todo lo que les he dicho». Juan 14:26

Intercede

Al conocer la voluntad de Dios y los deseos de nuestro corazón, el Espíritu Santo habla a Dios en nuestro nombre.

«Así mismo, en nuestra debilidad el Espíritu acude a ayudarnos. No sabemos qué pedir, pero el Espíritu mismo intercede por nosotros con gemidos que no pueden expresarse con palabras». Romanos 8:26

Da garantía

En formas grandes y pequeñas, el Espíritu Santo confirma que pertenecemos a Dios y que Él trabaja en nosotros.

«El Espíritu mismo le asegura a nuestro espíritu que somos hijos de Dios». Romanos 8:15–16

Empodera

No estamos llamados a vivir para Dios en nuestra propia fuerza limitada. El Espíritu Santo es nuestra fuente infinita de poder.

«Pero cuando venga el Espíritu Santo sobre ustedes, recibirán poder y serán mis testigos tanto en Jerusalén como en toda Judea y Samaria, y hasta los confines de la tierra». Hechos 1:8 (ver también Ef. 5:18).

EL ESPÍRITU SANTO EN LA VIDA DE JESÚS

La unidad perfecta de la Trinidad se ve en la inseparable relación entre Dios el Hijo y Dios el Espíritu Santo. En cada etapa de la vida y el ministerio de Jesús vemos la presencia y el poder del Espíritu.

Vemos al Espíritu Santo en:

Las profecías sobre Cristo

El profeta judío Isaías dijo que el Espíritu de Dios descansaría sobre el Mesías venidero (Cristo, en griego), y le otorgaría sabiduría, entendimiento y conocimiento (Isa. 11:2-3). En otra profecía sobre el siervo ungido de Dios, Isaías deja constancia de las siguientes palabras de Dios: «… sobre él he puesto mi Espíritu …» (Isa. 42:1).

La vida del precursor

Juan el Bautista fue elegido por Dios para servir como el precursor del Mesías. Un precursor es como un «hombre de avanzada». Por lo tanto, era el trabajo de Juan anunciar a Israel que el Mesías prometido había llegado finalmente. Debido a que fue elegido para desempeñar esta función sumamente importante, ¡Juan fue lleno del Espíritu Santo mientras se encontraba en el vientre de su madre! (Luc. 1:15). Cuando Juan creció y comenzó a preparar a las personas para la llegada de Jesús, él habló de Jesús como alguien que bautizaría a las personas arrepentidas «... con el Espíritu Santo y con fuego» (Mat. 3:11).

El nacimiento de Jesús

Los Evangelios de Mateo y Lucas hacen referencia a la función que tuvo el Espíritu Santo de hacer que María, una virgen, concibiera a Cristo. «El Espíritu Santo vendrá sobre ti, y el poder del Altísimo te cubrirá con su sombra. Así que al santo niño que va a nacer lo llamarán Hijo de Dios» (Luc. 1:35; ver también Mat. 1:18–20). La forma exacta en la que sucedió el nacimiento virginal de Cristo es un misterio biológico, pero la seguridad de que sí sucedió es una enseñanza bíblica inconfundible. María no estaba embarazada como resultado de la acción humana. Jesús fue concebido sobrenaturalmente, por el Espíritu de Dios.

En este momento milagroso, la segunda Persona de la Trinidad tomó una naturaleza humana sin pecado. En Su nacimiento, Jesús no adquirió repentinamente la condición de persona; Él siempre ha existido, pero Dios el Hijo se hizo humano (Juan 1:1, 14).

Poco después del nacimiento de Jesús, Simeón, un hombre lleno del Espíritu en el templo de Jerusalén, reconoció al bebé en brazos de María como el Mesías de Israel (Luc. 2:25–27).

El bautismo de Jesús

Los Evangelios registran que inmediatamente después de que Jesús fue bautizado por Juan, «… se abrió el cielo, y él vio al Espíritu de Dios bajar como una paloma y posarse sobre él» (Mat. 3:16; ver también Mar. 1:9–11; Luc. 3:21-22). Este bautismo inició oficialmente el ministerio terrenal de Jesús y funcionó como una ceremonia de unción.

En la antigüedad, los nuevos profetas, sacerdotes o reyes eran ungidos con aceite. La forma en que se vertía el aceite sobre sus cabezas y se le permitía que goteara sobre sus cuerpos simbolizaba que habían sido apartados para el uso especial de Dios. Al verter el Espíritu sobre Jesús durante Su bautismo, Dios estaba indicando que Él, Jesús, era Su especial siervo escogido (Luc. 4:18; Hech. 10:38).

El ministerio de Jesús

Lucas nota que Jesús estaba constantemente «lleno del Espíritu Santo» y «guiado por el Espíritu» (Luc. 4:1; ver también el v. 14). En otras palabras, el Espíritu guiaba y empoderaba continuamente a Jesús mientras Él realizaba Su misión terrenal. Cuando Sus seguidores le informaron sobre un exitoso viaje misionero, Jesús se sintió «lleno de alegría por el Espíritu Santo» (Luc. 10:21).

En Sus enseñanzas, Jesús reveló mucho sobre el Espíritu.

- Él dijo que nacer de nuevo (o «nacer de lo alto») solo es posible a través del Espíritu (Juan 3:1–8). Solo el Espíritu puede dar este tipo de vida nueva (Juan 6:63).
- Él se refirió al Espíritu como el generoso regalo de Dios (Juan 3:34).
- Él dijo que aquellos en quienes el Espíritu habite parecerán tener «ríos de agua viva» que brotan desde su corazón (Juan 7:38–39).

- La noche antes de Su muerte, Jesús les aseguró a Sus preocupados seguidores que el Espíritu les ayudaría constantemente, que los guiaría y los instruiría en la verdad (Juan 14:17-26; 15:26; 16:13).

La comisión a Sus discípulos

Después de Su resurrección, Jesús instó a Sus seguidores a esperar por el Espíritu que llegaría pronto (Luc. 24:49), porque Él, el Espíritu Santo, les permitiría ser testigos poderosos del evangelio (Hech. 1:8; ver también Mar. 13:11). En Su último momento, justo antes de regresar al cielo, Jesús ordenó que cada nuevo discípulo fuera bautizado «en el nombre del Padre, y del Hijo, y del Espíritu Santo» (Mat. 28:19).

¿Lo ves? ¡Es imposible hablar sobre el nacimiento, la vida, la muerte y la resurrección de Jesús sin hablar también del Espíritu Santo!

«Cuando el Espíritu vino a Moisés, las plagas llegaron a Egipto y él tuvo poder para destruir las vidas de los hombres; cuando el Espíritu vino sobre Elías, cayó fuego del cielo; cuando el Espíritu vino sobre Gedeón, ningún hombre podía hacerle frente; y cuando vino sobre Josué, se movió alrededor de la ciudad de Jericó y toda la ciudad cayó en sus manos; pero cuando el Espíritu vino sobre el Hijo del Hombre, Él dio Su vida y sanó a los quebrantados de corazón».

DWIGHT L. MOODY

SÍMBOLOS DEL ESPÍRITU SANTO

Por definición, todo lo que es espiritual no es físico, ni material, ni visible. Esto evidentemente incluye al Espíritu Santo. No podemos ver al Espíritu de Dios con nuestros ojos físicos, pero podemos ver los efectos del Espíritu. Es por esta razón que la Biblia usa varios símbolos, que son a menudo objetos terrenales comunes, para describir quién es el Espíritu Santo y qué hace.

Garantía

Al decir que Dios «… puso su Espíritu en nuestro corazón, como garantía de sus promesas» (2 Cor. 1:22), el apóstol Pablo usó un término comercial. La palabra griega *arrabón* significa «pago inicial, garantía o depósito». La presencia del Espíritu en nuestra vida es una garantía de que Dios terminará el trabajo que ha comenzado en nosotros.

> «Estoy convencido de esto: el que comenzó tan buena obra en ustedes la irá perfeccionando hasta el día de Cristo Jesús».
>
> **FILIPENSES 1:6**

Paloma

Después de que Jesús fue bautizado, los testigos vieron cómo el Espíritu de Dios descendía sobre Él desde el cielo «como una paloma» (Mat. 3:16; Mar. 1:10; Luc. 3:22; Juan 1:32). Esto no significa necesariamente que el Espíritu se convirtió en una paloma real, solo que se parecía a una.

¿Cuál es el simbolismo aquí? ¿De qué forma es el Espíritu de Dios «como una paloma»?

- Las palomas son el símbolo universal de la paz. Es apropiado entonces que Jesús, el «Príncipe de paz» (Isa. 9:6) que vino para ayudar a los pecadores a tener «paz con Dios» (Rom. 5:1), sea coronado, como sucedió, con paz al principio de Su ministerio público.

- Las palomas también son, como dijo Jesús en Mateo 10:16, un símbolo de pureza. Cuán adecuado resulta comparar al Espíritu «Santo» con una criatura considerada inocente y pura.

Viento

En Juan 3, Jesús usa un juego de palabras para informar a Nicodemo, un líder religioso judío, que el Espíritu de Dios es como el viento. La palabra griega, *pneuma*, que se traduce como Espíritu, también se puede traducir como viento o aliento. La idea del Señor es que, si bien no podemos ver realmente el viento, podemos sentir una brisa fresca o ver una bandera ondular fuertemente. Como el viento es impredecible, de repente azota o da vueltas o cambia de dirección, así mismo el Espíritu actúa de maneras que no podemos predecir. Algunos días son de quietud, no podemos sentir ni siquiera el soplo de una «brisa espiritual». En otros días, el Espíritu se mueve con un poder repentino y sorprendente, casi como una ráfaga de viento. Sin embargo, otras veces, como un viento de cola favorable para un marinero, el Espíritu nos lleva a destinos maravillosos.

Sello

En 2 Corintios 1:22, Pablo utiliza una frase profunda y descriptiva para ayudarnos a entender la persona y la obra del Espíritu. Él llama a la tercera Persona de la Trinidad, el «sello» de Dios para los creyentes (ver también Ef. 1:13; 4:30).

¿Qué significa que Dios selle a los cristianos con Su Espíritu? En la antigüedad, los sellos se empleaban para mostrar propiedad. Piensa en un sello de goma que marca un libro como «De la Biblioteca de Winchester B. Winthrop IV» o una marca de ganado que señala a un toro premiado como propiedad de «Crooked Z Ranch». Los sellos también sirvieron como un medio de seguridad y protección. ¿Recuerdas cómo Pilato le dijo a sus guardias que aseguraran la tumba de Jesús, y ellos «...cerraron el sepulcro con una piedra, y lo sellaron...» (Mat. 27:64–66)?

Cuando hablamos del Espíritu como un sello, queremos decir que Dios posee a los cristianos y que los creyentes están eternamente a salvo y seguros.

Aceite

En el Antiguo Testamento, los profetas, los sacerdotes y los reyes recién elegidos eran ungidos habitualmente con aceite (Ex. 40:11–15; Lev. 8:30; 1 Sam. 10:1–10; 16:13). Esta ceremonia transmitía una verdad importante a todos los que la observaban: la persona sobre quien se vertía el aceite estaba siendo apartada para el uso santo de Dios. Los funcionarios ungidos debían vivir como siervos del único Dios verdadero. Ellos debían confiar en el Espíritu de Dios y no en su propio poder (Zac. 4:1–14).

El Nuevo Testamento usa este mismo simbolismo de la unción para hablar de los cristianos (compara Hech. 10:38 con Hech. 1:8; 2 Cor. 1:21; 1 Juan 2:20). El Espíritu Santo es quien nos unge, y nos aparta para el servicio a Dios.

Fuego

En el Antiguo Testamento, la presencia de Dios a menudo se representa con el fuego.

- Dios le habla a Moisés desde una zarza ardiente (Ex. 3:2).
- Los israelitas saben que Dios está entre ellos debido al fuego ardiente que se encontraba dentro o sobre su tabernáculo (su centro de adoración portátil), ver Éxodo 40:38.
- Los israelitas son guiados por el desierto en la noche por «una columna de fuego» (Núm. 14:14).
- Los sacrificios aceptables para Dios a veces son consumidos por fuego del cielo (Lev. 9:24; 1 Rey. 18:38–39).

En el Nuevo Testamento, cuando el Espíritu Santo fue derramado sobre aquellos que habían depositado su fe en Jesús, Hechos 2:3 registra que los testigos vieron «lenguas como de fuego» que venían «a posarse sobre cada uno de ellos». ¡Esto demostró que Dios ahora residía en los corazones de los creyentes!

El fuego también puede ser un símbolo de juicio, y el Espíritu vino a convencer al mundo de pecado, justicia y juicio (Juan 16:8–11). El fuego también purifica, y el Espíritu Santo vino para hacernos santos (Rom. 15:16; 1 Ped. 1:2).

Agua

Uno de los símbolos bíblicos más prominentes para el Espíritu Santo es el agua. ¿El mejor ejemplo? En tiempos antiguos, al final de la Fiesta de los Tabernáculos, el sumo sacerdote de Israel derramaba (cerca del altar) una jarra de agua extraída del Estanque de Siloé. Esta era una ocasión tan feliz, con cantos, celebraciones y anticipación esperanzadora del futuro reinado del Mesías (Zac. 14:16–21), que los rabinos de Israel declararon que ¡las personas que nunca habían presenciado este ritual no sabían el verdadero significado del gozo!

Durante Su ministerio terrenal, Jesús aprovechó esta antigua tradición para declarar Su habilidad única de calmar la sed más profunda del corazón humano (Juan 7:37–38). Él prometió dar el Espíritu Santo a los que confiaban en Él. Y dijo que el Espíritu que moraría en ellos sería como «ríos de agua viva» que fluirían desde el interior de los creyentes. Tal vez, retomando esta idea, el apóstol Pablo describió la alegría, la paz y la esperanza como cualidades que emanarían de la vida de un cristiano guiado por el Espíritu (Rom. 15:13; Gál. 5:22–23).

Fuentes, arroyos, pozos: todas estas imágenes relacionadas con el agua se utilizan para demostrar la obra del Espíritu. El agua limpia y refresca; da vida, y cuando se aprovecha correctamente, proporciona gran poder.

Vestimenta

Después de Su crucifixión y resurrección, Jesús se apareció varias veces a Sus seguidores más devotos. En una de esas ocasiones, les dijo a Sus discípulos que llevaran las buenas nuevas de perdón «a todas las naciones». Pero primero, dijo: «… quédense en la ciudad hasta que sean revestidos del poder de lo alto» (Luc. 24:49).

«El poder de lo alto» es una clara referencia al Espíritu Santo (Juan 14:16; 16:7–15; Hech. 1:8). ¡Pero qué descripción tan interesante! Según Jesús, el Espíritu es similar a la ropa. Sin vestimenta, estamos desnudos y vulnerables. Cuando intentamos vivir sin el poder del Espíritu, estamos espiritualmente desnudos y vulnerables.

LOS NOMBRES DEL ESPÍRITU SANTO

Algunas personas piensan que el Espíritu Santo es impersonal, que es más bien como una fuerza; la energía o el poder de Dios. Esto es probablemente porque:

- La Escritura confirma la poderosa naturaleza del Espíritu Santo.
- Se refiere a Él como el poder de Dios y el Espíritu de poder.

Sin embargo, a diferencia de una fuerza impersonal, el Espíritu Santo es una persona:

- Se le puede mentir (Hech. 5:3–4).
- Se le puede agraviar (Ef. 4:30).
- Tiene un nombre (Mat. 28:19).

Otros ven al Espíritu casi como un sentimiento, el profundo afecto que a menudo se experimenta entre el pueblo de Dios. Tal vez esto es porque:

- La Escritura lo llama el Espíritu de gracia, de misericordia y de consuelo.

- Sin embargo, también se le llama el Espíritu de verdad y justicia, lo que indica que es más que un simple sentimiento cálido e indefinido que recibimos cuando oramos y adoramos juntos.

Otros consideran al Espíritu Santo como la mente, el intelecto, detrás de la creación.

- Definitivamente, Él es el Espíritu de sabiduría y entendimiento.
- Sin embargo, Él es más que una computadora cósmica que mantiene los planes y los propósitos de Dios en curso.

Cada uno de estos puntos de vista es limitado, y dan una imagen incompleta de quién es el Espíritu Santo. Estudiar los nombres del Espíritu que se encuentran en la Biblia nos ayudará a obtener una idea más completa y equilibrada de quién es el Espíritu y cómo actúa. Con tal entendimiento, podemos adorar y servir a Dios de maneras más profundas y enriquecedoras.

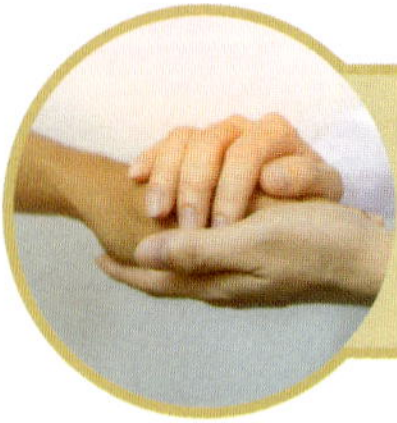

Consolador (Ayudador)

ESCRITURA

«Y yo le pediré al Padre, y él les dará otro Consolador para que los acompañe siempre». Juan 14:16

SIGNIFICADO

El Espíritu Santo consuela, aconseja, defiende y da fuerza.

PARA MEDITAR

El Espíritu Santo es nuestra fortaleza y nuestro consuelo. Debemos acudir a Él cuando estamos en problemas y cuando estamos débiles, y estar seguros de que Él intercede (defiende nuestro caso ante Dios) con y por nosotros.

¿SABÍAS QUE...?

Paracleto es la palabra griega detrás de este nombre. Se refiere a alguien que es llamado para fortalecer y luchar en nombre de otro.

Aliento del Todopoderoso

ESCRITURA

«El Espíritu de Dios me ha creado, y el aliento del Todopoderoso me da vida». Job 33:4, NTV

SIGNIFICADO

El Espíritu Santo es el aliento de vida de Dios.

PARA MEDITAR

El Espíritu Santo es la fuente de vida de parte de Dios. Él es el único que, a través de Cristo, nos conecta con Dios.

¿SABÍAS QUE...?

Las palabras en hebreo y en griego para viento, aliento y espíritu tienen orígenes similares. Todas comparten la idea de aire que fluye y da vida.

Espíritu eterno

ESCRITURA

«… ¡cuánto más la sangre de Cristo, quien por medio del Espíritu eterno se ofreció sin mancha a Dios, purificará nuestra conciencia de las obras que conducen a la muerte, a fin de que sirvamos al Dios viviente!». Hebreos 9:14

SIGNIFICADO

El Espíritu Santo es Dios eterno.

PARA MEDITAR

El Espíritu no es una mera fuerza creada. Él es el Creador imperecedero que nos ama eternamente.

¿SABÍAS QUE...?

El Espíritu Santo es coeterno con Dios el Padre y Dios el Hijo.

Dios

ESCRITURA

"«Ananías —le reclamó Pedro—, ¿cómo es posible que Satanás haya llenado tu corazón para que le mintieras al Espíritu Santo y te quedaras con parte del dinero que recibiste por el terreno? ¿Acaso no era tuyo antes de venderlo? Y una vez vendido, ¿no estaba el dinero en tu poder? ¿Cómo se te ocurrió hacer esto? ¡No has mentido a los hombres sino a Dios!». Hechos 5:3–4

SIGNIFICADO

El Espíritu Santo es la Tercera Persona de la Trinidad. Él es Dios.

PARA MEDITAR

El Espíritu Santo no es una cosa, una fuerza ni un mero poder. Él no es un «eso», es personal y debemos adorarlo y obedecerlo como a Dios.

¿SABÍAS QUE...?

Dios es uno en Su esencia, pero es tres Personas.

Buen espíritu

ESCRITURA

«Enséñame a hacer tu voluntad, porque tú eres mi Dios. Que tu buen Espíritu me guíe por un terreno sin obstáculos». Salmos 143:10

SIGNIFICADO

El Espíritu de Dios nos enseñará y nos guiará en todo lo que es bueno.

PARA MEDITAR

El Espíritu Santo es el buen regalo de Dios para ayudarnos en el presente. No estamos solos en el mundo. El propio Espíritu de Cristo está con nosotros para disponer todas las cosas para nuestro bien.

¿SABÍAS QUE...?

La bondad es uno de los frutos del Espíritu en Gálatas 5:22.

Espíritu Santo

ESCRITURA

«Por tanto, vayan y hagan discípulos de todas las naciones, bautizándolos en el nombre del Padre y del Hijo y del Espíritu Santo». Mateo 28:19

SIGNIFICADO

Dios es Espíritu y ese Espíritu es santo. Él es el Espíritu de santidad.

PARA MEDITAR

El mismo Espíritu Santo que nos fue dado para la vida también se nos da para hacernos santos.

¿SABÍAS QUE...?

La palabra griega para santo, *hagíos*, se refiere a algo o alguien que es sagrado, apartado para un propósito divino y puro.

Señor

ESCRITURA

«Ahora bien, el Señor es el Espíritu; y donde está el Espíritu del Señor, allí hay libertad». 2 Corintios 3:17

SIGNIFICADO

Al igual que a Jesús y al Padre, uno también se dirige al Espíritu Santo y lo adora como Señor.

PARA MEDITAR

El Espíritu Santo es nuestro Señor. El señorío del Espíritu nos indica que debemos obedecerlo y no agraviarlo.

¿SABÍAS QUE...?

Cuando seguimos la guía del Espíritu como nuestro Señor, encontramos la verdadera libertad.

Poder del Altísimo

ESCRITURA

«El Espíritu Santo vendrá sobre ti, y el poder del Altísimo te cubrirá con su sombra. Así que al santo niño que va a nacer lo llamarán Hijo de Dios». Lucas 1:35

SIGNIFICADO

El Espíritu Santo tiene todo el poder de Dios porque Él es Dios.

PARA MEDITAR

A través del Espíritu, Dios puede lograr cosas en nosotros y por medio de nosotros que nunca podríamos hacer solos.

¿SABÍAS QUE...?

La palabra griega para poder, *dunamis*, es la palabra de la cual obtenemos nuestra palabra «dinamita» en español.

«Cuando se trata del Espíritu todopoderoso de Dios, nunca digas: "No puedo"». Oswald Chambers

El Espíritu

ESCRITURA

«Lo que nace del cuerpo es cuerpo; lo que nace del Espíritu es espíritu». Juan 3:6

SIGNIFICADO

Al Espíritu Santo a veces se le llama sencillamente «el Espíritu».

PARA MEDITAR

El Espíritu es necesario para toda la vida y el crecimiento espiritual.

¿SABÍAS QUE...?

La vida espiritual no se trata de esforzarse mucho por hacer el bien, sino de confiar en Jesús para que Él viva a través de nosotros al entregarle el control de nuestras voluntades al Espíritu de Dios que mora en nosotros.

Espíritu de adopción

ESCRITURA

«Pues no habéis recibido el espíritu de esclavitud para estar otra vez en temor, sino que habéis recibido el espíritu de adopción, por el cual clamamos: ¡Abba, Padre!».
Romanos 8:15, RVR1960

SIGNIFICADO

Por medio del Espíritu de Dios es que somos adoptados como hijos de Dios.

PARA MEDITAR

Nos convertimos en hijos de Dios por la obra del Espíritu Santo. A medida que el Espíritu abre y cambia nuestros corazones, nos convertimos en parte de la familia de Dios. Por la obra salvadora del Espíritu, Dios se convierte en nuestro Padre celestial.

¿SABÍAS QUE...?

La palabra aramea utilizada por Jesús (y que se menciona en Romanos 8:15) es *Abba*, que significa «Papito» o «Papi».

Espíritu de Cristo

ESCRITURA

«Sin embargo, ustedes no viven según la naturaleza pecaminosa sino según el Espíritu, si es que el Espíritu de Dios vive en ustedes. Y si alguno no tiene el Espíritu de Cristo, no es de Cristo». Romanos 8:9

SIGNIFICADO

El Espíritu de Cristo es el Espíritu Santo que guió a Jesucristo y les fue prometido a los creyentes.

PARA MEDITAR

El Espíritu Santo siempre actúa de maneras que honran a Cristo, así como Cristo siempre actuó de maneras que honraron al Padre. Jesús ha compartido el Espíritu que lo llenó y lo animó con aquellos que creen en Él.

¿SABÍAS QUE...?

En la comunidad perfecta que es la Trinidad, el Padre, el Hijo y el Espíritu Santo, se honran unos a otros eterna y generosamente.

Espíritu de consejo

ESCRITURA

«El Espíritu del Señor reposará sobre él: espíritu de sabiduría y de entendimiento, espíritu de consejo y de poder, espíritu de conocimiento y de temor del Señor».
Isaías 11:2

SIGNIFICADO

Debido al Espíritu, el Siervo ungido de Dios, Jesucristo el Mesías, tendrá toda la guía divina del cielo cuando venga.

PARA MEDITAR

El mismo Espíritu de consejo que llenó y guió a Jesús está disponible para nosotros.

¿SABÍAS QUE...?

Jesús es llamado el Consejero admirable (Isa. 9:6).

Así como el Espíritu Santo guió a Jesús, Él nos guía a la verdad como nuestro Consejero (Luc. 4:1; Juan 14:26).

Espíritu del Padre

ESCRITURA

«Porque no serán ustedes los que hablen, sino que el Espíritu de su Padre hablará por medio de ustedes».
Mateo 10:20

SIGNIFICADO

El Espíritu de Dios es enviado por el Padre para posibilitar a los creyentes que imiten al Padre y hagan Su voluntad (Juan 15:26; Ef. 5:1).

PARA MEDITAR

El Espíritu del Padre y de Jesús nos ha sido enviado por ellos.

¿SABÍAS QUE...?

El Espíritu lleva a cabo la voluntad del Padre y del Hijo, y nos da poder para hacer lo mismo.

Espíritu del temor del Señor

ESCRITURA

«El Espíritu del Señor reposará sobre él: espíritu de sabiduría y de entendimiento, espíritu de consejo y de poder, espíritu de conocimiento y de temor del Señor».
Isaías 11:2

SIGNIFICADO

La naturaleza del Espíritu es ser reverente y respetuoso.

PARA MEDITAR

El Espíritu Santo siempre nos guiará a reverenciar a Dios. Es el Espíritu Santo quien inspira esta actitud en nosotros.

¿SABÍAS QUE...?

El «temor del Señor» no es una sensación de terror, sino de reverencia y honra. Es un profundo sentido de quién es Dios y quiénes somos en relación con Él. También es «el principio del conocimiento» (Prov. 1:7).

Espíritu de libertad

ESCRITURA

«Por lo tanto, ya no hay ninguna condenación para los que están unidos a Cristo Jesús, pues por medio de él la ley del Espíritu de vida me ha liberado de la ley del pecado y de la muerte». Romanos 8:1-2

SIGNIFICADO

El Espíritu Santo libera a los creyentes en Cristo Jesús de la esclavitud del pecado y la muerte.

PARA MEDITAR

Al igual que el apóstol Pablo, nosotros también podemos declarar que «donde está el Espíritu del Señor, allí hay libertad» (2 Cor 3:16–17).

¿SABÍAS QUE...?

Al comienzo del ministerio de Jesús, Él leyó una profecía del rollo de Isaías donde se declaraba que Su misión era: «...proclamar liberación a los cautivos y libertad a los prisioneros» (Luc. 4:18; Isa. 61:1).

Espíritu glorioso

ESCRITURA

«Dichosos ustedes si los insultan por causa del nombre de Cristo, porque el glorioso Espíritu de Dios reposa sobre ustedes». 1 Pedro 4:14

SIGNIFICADO

Cuando vivimos fielmente en un mundo hostil, el Espíritu Santo hace que seamos radiantes.

PARA MEDITAR

El Espíritu nos permite glorificar a Cristo sin importar los obstáculos que enfrentemos en este mundo.

¿SABÍAS QUE...?

El Espíritu Santo está moldeando nuestra vida para convertirla en el modelo glorioso de Cristo.

Espíritu de Dios

ESCRITURA

«La tierra era un caos total, las tinieblas cubrían el abismo, y el Espíritu de Dios iba y venía sobre la superficie de las aguas». Génesis 1:2

SIGNIFICADO

El Espíritu Santo es el Espíritu del Dios trino.

PARA MEDITAR

Como Jesús le explicó a la mujer samaritana en el pozo, «Dios es espíritu, y quienes lo adoran deben hacerlo en espíritu y en verdad» (Juan 4:24).

¿SABÍAS QUE...?

El Espíritu de Dios desempeñó una función decisiva en la creación del universo (Gén. 1:2).

Espíritu de gracia

ESCRITURA

«Y derramaré sobre la casa de David, y sobre los moradores de Jerusalén, espíritu de gracia y de oración...».
Zacarías 12:10, RVR1960

SIGNIFICADO

El Espíritu de Dios es misericordioso.

PARA MEDITAR

Logramos conocer la gracia de Dios solo cuando el Espíritu abre nuestros corazones. Jesús realizó la obra de gracia para nosotros en la cruz, pero el Espíritu es quien nos aplica esa gracia al darnos fe.

¿SABÍAS QUE...?

Suplicar significa pedir humildemente. El Espíritu Santo nos ayuda a tener una actitud humilde al acercarnos a Dios en oración, a pedirle por nuestras necesidades.

Espíritu de justicia

ESCRITURA

«Él infundirá espíritu de justicia al que se sienta en el tribunal, y valor a los que rechazan los asaltos a la puerta». Isaías 28:6

(Ver también Miq. 3:8; Mat. 12:18).

SIGNIFICADO

El Espíritu de Dios trae convicción y justicia.

PARA MEDITAR

El Espíritu de Dios discierne la verdad del error y separa el bien del mal.

¿SABÍAS QUE...?

Jesús dijo que el Espíritu Santo convencería y juzgaría al mundo (Juan 16:8).

Espíritu de conocimiento

ESCRITURA

«El Espíritu del Señor reposará sobre él: [...] espíritu de conocimiento...». Isaías 11:2

SIGNIFICADO

El Espíritu de Dios es omnisciente. Su entendimiento y Su sabiduría son infinitos.

PARA MEDITAR

El Espíritu no conduce al desorden sino al verdadero conocimiento (1 Cor. 14:33; Ef. 1:17).

¿SABÍAS QUE...?

Jesús es el Mesías que Isaías profetizó; por lo tanto, Jesús poseía la plenitud del Espíritu de conocimiento.

Espíritu de vida

ESCRITURA

«... pues por medio de él la ley del Espíritu de vida me ha liberado de la ley del pecado y de la muerte».
Romanos 8:2

SIGNIFICADO

El Espíritu Santo es vivificante.

PARA MEDITAR

De la misma manera en que la vida física requiere el aliento, la vida espiritual requiere el Espíritu de Dios.

¿SABÍAS QUE...?

Jesús dijo que Él es la vida (Juan 14:6). El Espíritu es el dador de esta nueva vida en Jesús (Juan 6:63).

Espíritu del Dios viviente

ESCRITURA

«Es evidente que ustedes son una carta de Cristo, expedida por nosotros, escrita no con tinta sino con el Espíritu del Dios viviente; no en tablas de piedra sino en tablas de carne, en los corazones». 2 Corintios 3:3

SIGNIFICADO

El Espíritu Santo es enviado por el Dios viviente para dar a los creyentes una vida que nunca termina y para transformar sus vidas.

PARA MEDITAR

La vida en el Espíritu es dinámica y activa, no estática y pasiva.

¿SABÍAS QUE...?

Dios es llamado el Dios viviente porque Él está activo en el mundo, rescatando y restaurando a aquellos que están indefensos y sin esperanza.

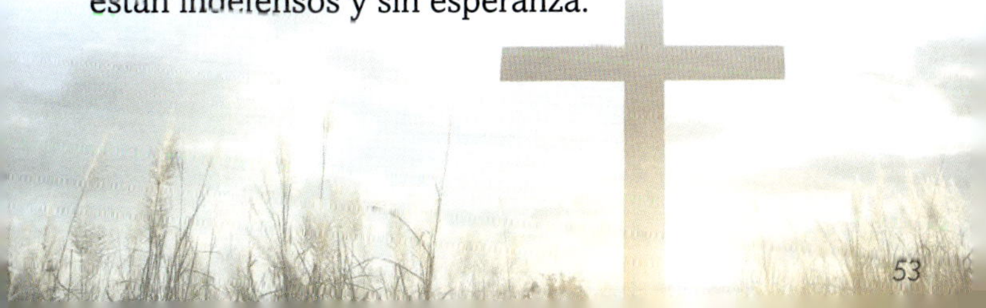

Espíritu de poder

ESCRITURA

«El Espíritu del Señor reposará sobre él: [...] espíritu de consejo y de poder...». Isaías 11:2

SIGNIFICADO

El Espíritu Santo es el Espíritu de fortaleza.

PARA MEDITAR

El apóstol Pablo explica que «... Dios no nos ha dado un espíritu de timidez, sino de poder, de amor y de dominio propio» (2 Tim. 1:7).

¿SABÍAS QUE...?

Jesús nos dijo que nos daría el poder del Espíritu (Hech. 1:8).

Espíritu de profecía

ESCRITURA

«El testimonio de Jesús es el espíritu que inspira la profecía». Apocalipsis 19:10

SIGNIFICADO

El Espíritu revela la verdad sobre lo que es y lo que será.

PARA MEDITAR

Debido a que el Espíritu es fuente de profecía, Él puede ayudarnos a entender la Palabra de Dios.

¿SABÍAS QUE...?

Toda la Escritura es inspirada por Dios. El Espíritu es el aliento de inspiración (2 Tim. 3:16).

La profecía es uno de los dones del Espíritu mencionados en Romanos 12:6.

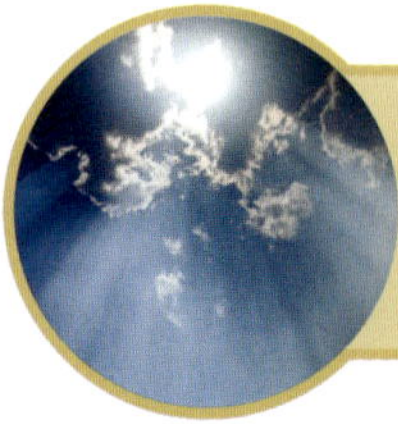

Espíritu de revelación

ESCRITURA

«Pido que el Dios de nuestro Señor Jesucristo, el Padre glorioso, les dé el Espíritu de sabiduría y de revelación, para que lo conozcan mejor». Efesios 1:17

SIGNIFICADO

El Espíritu Santo revela la verdad de Dios.

PARA MEDITAR

La obra del Espíritu es revelarnos a Dios y Su verdad.

¿SABÍAS QUE...?

La revelación viene del Padre a través de Jesús por el Espíritu que es la voz de Dios en nosotros.

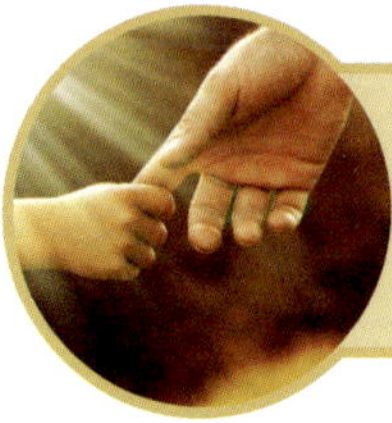

Espíritu del Hijo

ESCRITURA

«Ustedes ya son hijos. Dios ha enviado a nuestros corazones el Espíritu de su Hijo, que clama: "¡Abba! ¡Padre!"». Gálatas 4:6

SIGNIFICADO

Al Espíritu Santo se le llama Espíritu del Hijo porque el Espíritu y Jesús comparten la misma esencia y propósito.

PARA MEDITAR

El Espíritu amoroso del Hijo de Dios ahora nos es dado.

¿SABÍAS QUE...?

El Espíritu nos conduce hacia al amor y la comunión que existe entre el Padre y el Hijo.

Espíritu de verdad

ESCRITURA

«Cuando venga el Consolador, que yo les enviaré de parte del Padre, el Espíritu de verdad que procede del Padre, él testificará acerca de mí». Juan 15:26

SIGNIFICADO

El Espíritu Santo, al igual que Dios, no puede mentir (Tito 1:2).

PARA MEDITAR

El Padre y el Hijo nos han dado el Espíritu para guiarnos a la verdad, no al error (Juan 16:13).

¿SABÍAS QUE...?

Debido a que Jesús es «la verdad» (Juan 14:6), se infiere que el Espíritu enviado por Él, es el Espíritu de verdad.

Espíritu de entendimiento

ESCRITURA

«El Espíritu del Señor reposará sobre él: espíritu de sabiduría y de entendimiento…». Isaías 11:2

SIGNIFICADO

El Espíritu es la fuente de todo verdadero discernimiento.

PARA MEDITAR

El Espíritu nos entiende plenamente a nosotros, al igual que entiende nuestras necesidades y nos da la capacidad de comprender realidades espirituales (1 Cor. 2:14–16).

¿SABÍAS QUE...?

Jesús dijo que el Espíritu nos «guiará a toda verdad» (Juan 16:13).

Espíritu de sabiduría

ESCRITURA

«Pido que el Dios de nuestro Señor Jesucristo, el Padre glorioso, les dé el Espíritu de sabiduría y de revelación, para que lo conozcan mejor». Efesios 1:17

SIGNIFICADO

Debido a que Dios es sabio, y el Espíritu es Dios en nosotros, el Espíritu Santo puede hacernos sabios (Rom. 16:27).

PARA MEDITAR

Cuando seamos llenos del Espíritu y guiados por Él, viviremos de manera sabia.

¿SABÍAS QUE...?

La sabiduría se puede describir como «habilidad para vivir». Es la capacidad de ver la vida y el mundo de la manera en que Dios los ve. La sabiduría es un conocimiento práctico que permite a las personas vivir plenamente al tomar decisiones piadosas.

La Palabra de sabiduría es uno de los dones del Espíritu mencionado en 1 Corintios 12:8.

Espíritu de Jehová

ESCRITURA

«El Espíritu de Jehová el Señor está sobre mí, porque me ungió Jehová; me ha enviado a predicar buenas nuevas a los abatidos, a vendar a los quebrantados de corazón, a publicar libertad a los cautivos, y a los presos apertura de la cárcel». Isaías 61:1, RVR1960

SIGNIFICADO

El Espíritu tiene el sagrado nombre de Dios: Jehová.

PARA MEDITAR

Porque Dios es una esencia, el Espíritu es conocido como el Espíritu de Jehová.

¿SABÍAS QUE...?

En algunas Biblias en español, Jehová se traduce a menudo como SEÑOR.

LOS DONES DEL ESPÍRITU

Todas las actividades del Espíritu Santo, desde interceder y consolar hasta guiar y empoderar, apuntan a Su función principal: glorificar a Cristo (Juan 16:14). Del mismo modo, la meta de nuestros propios ministerios debería ser glorificar a Cristo.

- ¿Cómo hacemos esto?

  Al servir al cuerpo de Cristo y ayudarlo a crecer (madurar) y crecer hacia afuera (expandirse).

- ¿Cómo hacemos esto de manera más efectiva?

  A través de la obra del Espíritu Santo, especialmente Su labor de empoderar a los creyentes, al capacitarnos y equiparnos con habilidades especiales para servir.

Los ministerios son actividades que llevan a cabo los creyentes y que sirven a la iglesia y le permiten crecer y madurar. A través del Espíritu Santo, Dios le da dones, como si fueran regalos, a cada creyente. Estos dones son llamados dones espirituales porque son dados por el Espíritu Santo (1 Cor. 12:11). Son las herramientas que utilizamos para servir a Dios y ministrar a otros.

El cuerpo de Cristo

Cuando Pablo explicó qué es la iglesia y cómo funciona, usó la imagen de un cuerpo. La enseñanza de Pablo en 1 Corintios 12 y Romanos 12 habla sobre la unidad orgánica del cuerpo de Cristo, la iglesia. El Espíritu Santo otorga dones con funciones espirituales particulares para el beneficio de toda la iglesia. Los dones se complementan entre sí y trabajan juntos para el bien común, tal y como están diseñadas para hacer las partes de un cuerpo.

> «Pues así como cada uno de nosotros tiene un solo cuerpo con muchos miembros, y no todos estos miembros desempeñan la misma función, también nosotros, siendo muchos, formamos un solo cuerpo en Cristo, y cada miembro está unido a todos los demás. Tenemos dones diferentes, según la gracia que se nos ha dado».
>
> **ROMANOS 12:4–6**

El Espíritu Santo es el don de Dios para nosotros como individuos y como un cuerpo (Hech. 2:38; 10:45). Las personas que han venido a esta vida, la vida de Cristo, pasan automáticamente a ser parte de un todo más grande. Estos regalos funcionan como partes de un todo. Nuestros dones, la recepción del Espíritu y la membresía en el cuerpo de Cristo, todo esto, está conectado en la vida del creyente y para el bien de toda la iglesia.

¿Qué son los dones?

La palabra don tiene dos significados:

1. Algo que se da sin cobrar, de forma gratuita, así como un regalo de cumpleaños.
2. Una habilidad o talento especial, tales como tocar el piano o aprender idiomas.

Ambos significados nos ayudan a entender los dones espirituales.

1. Los dones espirituales no se ganan ni se merecen. ¡Son los generosos regalos de Dios para nosotros!
2. Los dones espirituales involucran talentos y habilidades especiales, particularmente para ministerios como curaciones, milagros o hablar en lenguas.

Sin embargo, el Nuevo Testamento no hace énfasis en las habilidades en sí mismas, sino en cómo estas funcionan en los ministerios (servicios) de la iglesia. Al pensar en los dones espirituales, ten en cuenta que son espirituales porque provienen del Espíritu Santo, y son un don porque el Espíritu Santo nos los entrega libremente. Los dones espirituales no están destinados a ser guardados ni anunciados públicamente. Deben ser utilizados para el servicio a los demás.

Cuatro listas de dones espirituales en la Biblia

	Romanos 12:6-8	1 Cor. 12:8-10	1 Cor. 12:28-30	Efesios 4:11
Pastorear				✔
Enseñar	✔		✔	✔
Animar (Exhortar)	✔			
Profetizar	✔	✔	✔	✔
Sanar enfermos		✔	✔	
Dirigir	✔			
Administrar			✔	
Dar palabra de sabiduría		✔		
Dar palabra de conocimiento		✔		
Hacer milagros		✔	✔	
Prestar un servicio / Ayudar	✔		✔	
Mostrar compasión	✔			
Dar	✔			
Hablar e interpretar lenguas		✔	✔	
Fe		✔		
Evangelizar				✔
Discernir espíritus		✔		
Apostolado			✔	✔

Pastorear, enseñar y animar

(ROM. 12:7-8; 1 COR. 12:28-29; EF. 4:11)

Tradicionalmente, el ministerio de los pastores está estrechamente relacionado con el de la enseñanza. Además de preocuparse por los miembros de cada iglesia, la otra función crucial de los pastores es explicar las enseñanzas apostólicas a los creyentes.

Sin embargo, muchas personas pueden prosperar como maestros sin tener que convertirse en pastores. La enseñanza es un ministerio vital del cuerpo de Cristo. Más allá de proveer información, la enseñanza permite a las personas profundizar su relación con Dios y equipa a los creyentes para que estén conscientes de las falsas doctrinas que pueden encontrar.

Animar (o exhortar) está conectado estrechamente con otros dones y se trata de una persona que se acerca a otra con palabras de consuelo y consejo para ayudarla a ser todo lo que Dios quiere que ella sea.

Profetizar

(ROM. 12:6; 1 COR. 12:10, 28; EF. 4:11)

- Los profetas desempeñaron una función importante en la formación de la iglesia primitiva. Sus actividades incluían:
  - Anunciar lo que sucedería (Hech. 11:28; 21:11).
  - Animar a los creyentes (Hech. 15:32).
  - Dar a conocer los misterios de la salvación (Ef. 3:5–6).
- Algunos cristianos creen que el «oficio» de profeta terminó al culminar la era de los apóstoles.
- En 1 Tesalonicenses 5:20–21 a los creyentes se les dice que no desprecien las profecías, sino que «lo sometan todo a prueba» para ver si es verdaderamente de Dios.
- El apóstol Pablo les recuerda a los creyentes que incluso un don como el de la profecía, sin amor, es inservible (1 Cor. 13:2).

Sanar enfermos

(1 COR. 12:9, 28, 30)

- Las sanidades, como otros milagros, fueron una demostración del poder de Dios que validó la autoridad apostólica.
- La «función» específica de sanador (si es que alguna vez la hubo) puede haber terminado al concluir la era apostólica.
- Sin embargo, los cristianos aún creen que Dios puede sanar y que lo hace como respuesta a las oraciones.

Dirigir y administrar

(ROM. 12:8; 1 COR. 12:28)

Aunque tradicionalmente estos dones se han relacionado con el ministerio de ancianos en la iglesia, el contexto de los pasajes sugiere que están destinados a todos los creyentes. Estos ministerios son aplicables a muchas áreas de la vida de la iglesia:

- Metas para la iglesia
- Enseñanza
- Evangelismo
- Obras de misericordia y servicio

Dar palabra de sabiduría y de conocimiento

(1 COR. 12:8)

Debemos entender estos dos dones en el contexto de toda la carta a los corintios:

- Al parecer, la iglesia de Corinto tuvo luchas por sentirse demasiado impresionada y atraída por los dones más «llamativos», que eran los de lenguas y profecías.
- Aunque Pablo no niega la importancia de estos dones, él sí aclara que las lenguas y las profecías están vacías sin amor, sabiduría y conocimiento.

La sabiduría es el discernimiento y la comprensión de las obras de Dios en el mundo y de la forma en que este funciona. Este es un ministerio vital que permite a todos los ministerios y dones de la iglesia trabajar en armonía y unidad.

El conocimiento les permite a los creyentes entender y explicar la revelación de Dios a otros.

Hacer milagros

(1 COR. 12:10, 28-29)

Para el apóstol Pablo, los milagros existían para validar el mensaje de los apóstoles: «Las marcas distintivas de un apóstol, tales como señales, prodigios y milagros, se dieron constantemente entre ustedes» (2 Cor. 12:12).

Algunos ejemplos de milagros en el Nuevo Testamento son:

- El juicio de Ananías y Safira (Hech. 5:9–11)
- El juicio de Elimas el hechicero (Hech. 13:6–11)

Muchos cristianos creen que la necesidad de estos milagros para validar el mensaje de los apóstoles terminó con la muerte de los discípulos. Sin embargo, los cristianos afirman la posibilidad y la existencia de los milagros de Dios en la actualidad.

Prestar un servicio/ayudar, mostrar compasión y dar

(1 COR. 12:28; ROM. 12:7-8)

Estos dones diferentes están tan estrechamente relacionados que algunos se los asignan a las tareas de los diáconos en la iglesia. Sin embargo, el contexto general de estos pasajes sugiere que son actividades para todos los creyentes. Estos dones son cruciales para la madurez de la iglesia.

La práctica de estos dones puede variar. Algunos ejemplos son:

- Ofrecer ayuda a las viudas, los huérfanos y los pobres.
- Ayudar en las actividades diarias de la iglesia.
- Discernir cuando hay individuos o grupos que necesitan ayuda para llevar a cabo sus ministerios.

> «Tratar de hacer el trabajo del Señor en tus propias fuerzas es el trabajo más confuso, agotador y tedioso. Pero cuando estás lleno del Espíritu Santo, el ministerio de Jesús fluye a través de ti»
>
> **CORRIE TEN BOOM**

Hablar en lenguas e interpretar lenguas

(1 COR. 12:10, 28, 30)

El apóstol Pablo no disuadió a los creyentes de hablar en lenguas; de hecho, instó a los líderes de la iglesia de Corinto a no prohibirlo (1 Cor. 14:39). Sin embargo, Pablo sí corrigió un error en la iglesia:

- Algunos en la iglesia de Corinto estaban demasiado encantados con el don de hablar en lenguas.
- Pablo les recordó que hablar en lenguas sin amor es como un «metal que resuena o un platillo que hace ruido» (1 Cor. 13:1).
- La preocupación principal de Pablo era la edificación de la iglesia como un todo, como un cuerpo.

Hoy en día, los cristianos difieren en si el ministerio de hablar en lenguas cesó o continúa. De cualquier manera, Pablo deja claro que la unidad del cuerpo de Cristo es mucho más importante que hablar, o no hablar, en lenguas.

Fe
(1 COR. 12:9)

Este don espiritual de la fe no es la «fe salvadora» que tiene cada creyente (Ef. 2:8) ni la fe diaria necesaria para la vida cristiana; más bien es una fe que complementa los otros dones y les permite ser audaces y estar activos.

Cuando los ministerios de la iglesia enfrentan dificultades que abruman a la mayoría de las personas, esta fe desafía, alienta y recuerda a los demás que: ¡servimos a un Dios poderoso que posee y controla todas las cosas!

Evangelizar
(EF. 4:11)

- Evangelizar es compartir las buenas nuevas del evangelio. Es el privilegio y la responsabilidad de cada creyente.
- Algunas personas tienen una habilidad especial, dada por Dios, para presentar el mensaje de salvación de una manera clara, sencilla y atractiva.
- Los que pertenecen a este ministerio pueden proporcionar liderazgo a todos los creyentes para llevar a cabo la tarea de evangelizar.

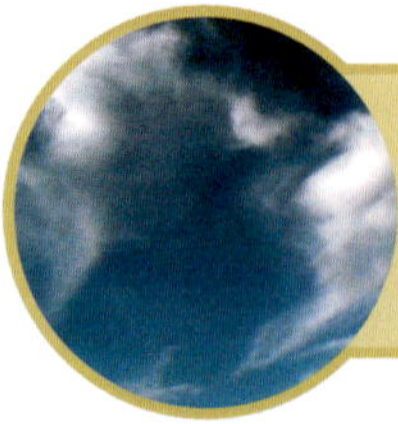

Discernir espíritus

(1 COR. 12:10)

En el contexto de la carta a los corintios, distinguir (o discernir) espíritus puede referirse a dos actividades.

1. La primera actividad es la capacidad de discernir cuando una profecía en realidad proviene de Dios. (Los cristianos que creen que el don de profecía ha cesado creen que esta parte de discernir ya no es necesaria; ver 1 Cor. 13:8).

2. La segunda actividad es la capacidad de discernir cuándo una enseñanza se corresponde con la voluntad de Dios y proviene de la guía del Espíritu Santo. También incluye la capacidad de saber cuándo una nueva enseñanza contradice las enseñanzas básicas de la fe cristiana.

Apostolado

(1 COR. 12:28–29; EF. 4:11)

Hay más de un tipo de apóstol en el Nuevo Testamento:

- El primer tipo se refiere a aquellos que Jesús llamó y apartó, que fueron testigos de Su vida y Su ministerio. Estos son los doce discípulos, y también incluye a apóstoles como Pablo y Jacobo, el hermano de Jesús (1 Cor. 9:1; 15:5–9; Gál. 2:9).
- El segundo tipo de apóstol incluye a aquellos que fueron especialmente designados como misioneros para difundir el evangelio, por ejemplo, Bernabé y Silas (Hech. 13:2-3; 14:14; 15:40; 1 Tes. 1:1; 2:6).

Descubre tus dones espirituales

Cuando se trata de sus propios dones espirituales, recuerda que la meta no es solo conocer tus dones. En cambio, la meta es saber cómo servir a Dios y a los demás como miembro del cuerpo de Cristo y luego hacerlo.

Con esto en mente, aquí hay algunas sugerencias para que puedas discernir tus dones espirituales:

- ❒ Pídele ayuda y sabiduría a Dios para encontrar tu lugar en el ministerio de la iglesia.
- ❒ Tu experiencia de vida puede ser una buena guía para encontrar tu interés y tus habilidades.
- ❒ Ten en cuenta las necesidades de tu iglesia. A veces, Dios te llamará para servir en áreas que quizás no prefieras. El llamado puede ser temporal o por un largo plazo.
- ❒ Mantente listo, dispuesto y sé valiente. La obediencia es desafiante.
- ❒ Escucha la exhortación, la sabiduría y la guía de otros miembros del cuerpo de Cristo.
- ❒ Ora por encontrar la voluntad de Dios para ti.

EL FRUTO DEL ESPÍRITU

En Gálatas 5:16–25, el apóstol Pablo contrasta dos tipos diferentes de vidas: una que permite que la naturaleza pecaminosa («la carne») la dirija, y otra que sigue las indicaciones y la guía del Espíritu Santo. La vida de una persona conducida por el Espíritu produce frutos, actitudes y comportamientos que agradan a Dios y a otras personas.

«Si estamos llenos de orgullo, vanidad, ambición, egoísmo, placer y del mundo, no hay lugar para el Espíritu de Dios, y creo que muchos hombres están orando a Dios para que los llene cuando ya están llenos con algo más».

DWIGHT L. MOODY

LA NATURALEZA PECAMINOSA	INSTRUCCIONES DEL ESPÍRITU
La naturaleza pecaminosa produce actitudes y acciones que se oponen a la voluntad de Dios.	El Espíritu nos guía naturalmente a actitudes y acciones que están de acuerdo con la voluntad de Dios.
Gálatas 5:19–21	Gálatas 5:22–25
«Las obras de la naturaleza pecaminosa se conocen bien: ❒ inmoralidad sexual, ❒ impureza y libertinaje; ❒ idolatría y brujería; ❒ odio, ❒ discordia, ❒ celos, ❒ arrebatos de ira, ❒ rivalidades, ❒ disensiones, ❒ sectarismos y envidia; ❒ borracheras, ❒ orgías, y otras cosas parecidas. Les advierto ahora, como antes lo hice, que los que practican tales cosas no heredarán el reino de Dios».	«En cambio, el fruto del Espíritu es: ❒ amor, ❒ alegría, ❒ paz, ❒ paciencia, ❒ amabilidad, ❒ bondad, ❒ fidelidad, ❒ humildad y ❒ dominio propio. No hay ley que condene estas cosas. Los que son de Cristo Jesús han crucificado la naturaleza pecaminosa, con sus pasiones y deseos. Si el Espíritu nos da vida, andemos guiados por el Espíritu».

Amor

DEFINICIÓN

El amor no se basa en emociones ni sentimientos. Es una decisión de comprometerse con el bienestar de los demás sin ninguna condición o en cualquier circunstancia. El amor busca el mayor bien de los demás.

EL EJEMPLO DE JESÚS

Jesús dijo: «Y éste es mi mandamiento: que se amen los unos a los otros, como yo los he amado. Nadie tiene amor más grande que el dar la vida por sus amigos». Juan 15:12–13

EL ESPÍRITU SANTO Y EL AMOR

«… Dios ha derramado su amor en nuestro corazón por el Espíritu Santo que nos ha dado». Romanos 5:5

Alegría

DEFINICIÓN

La alegría es un tipo de júbilo que no está basado en circunstancias externas. La alegría bíblica es más profunda que la felicidad mundana. No se basa en el éxito financiero, la buena salud ni la popularidad. Al creer en Dios, obedecer Su voluntad, recibir Su perdón, participar en la comunión con otros creyentes, ministrar a otros y compartir el evangelio, los creyentes experimentarán alegría.

EL EJEMPLO DE JESÚS

«En aquel momento Jesús, lleno de alegría por el Espíritu Santo, dijo: "Te alabo, Padre, Señor del cielo y de la tierra, porque habiendo escondido estas cosas de los sabios e instruidos, se las has revelado a los que son como niños. Sí, Padre, porque esa fue tu buena voluntad». Lucas 10:21

EL ESPÍRITU SANTO Y LA ALEGRÍA

«Y los discípulos quedaron llenos de alegría y del Espíritu Santo». Hechos 13:52

“«Ustedes se hicieron imitadores nuestros y del Señor cuando, a pesar de mucho sufrimiento, recibieron el mensaje con la alegría que infunde el Espíritu Santo». 1 Tesalonicenses 1:6

Paz

DEFINICIÓN

La paz es contentamiento, unidad entre las personas. Es un estado de seguridad y confianza total. Es compañerismo, armonía y unidad. La paz es libertad de la preocupación, la perturbación y los pensamientos opresivos.

EL EJEMPLO DE JESÚS

«La paz les dejo; mi paz les doy. Yo no se la doy a ustedes como la da el mundo. No se angustien ni se acobarden». Juan 14:27

EL ESPÍRITU SANTO Y LA PAZ

«Esfuércense por mantener la unidad del Espíritu mediante el vínculo de la paz». Efesios 4:3

«La mentalidad pecaminosa es muerte, mientras que la mentalidad que proviene del Espíritu es vida y paz». Romanos 8:6

Paciencia

DEFINICIÓN

La paciencia (o tolerancia) es ser lento para hablar y para airarse. Es la cualidad de la restricción que impide a los creyentes hablar o actuar apresuradamente cuando enfrentan algún desacuerdo, oposición o persecución. La paciencia es soportar dolor o problemas sin quejarse.

EL EJEMPLO DE JESÚS

En una carta a su amigo Timoteo, el apóstol Pablo escribió: *«Este mensaje es digno de crédito y merece ser aceptado por todos: que Cristo Jesús vino al mundo a salvar a los pecadores, de los cuales yo soy el primero. Pero precisamente por eso Dios fue misericordioso conmigo, a fin de que en mí, el peor de los pecadores, pudiera Cristo Jesús mostrar su infinita bondad. Así vengo a ser ejemplo para los que, creyendo en él, recibirán la vida eterna».* 1 Timoteo 1:15–16.

EL ESPÍRITU SANTO Y LA PACIENCIA

«Siempre humildes y amables, pacientes, tolerantes unos con otros en amor. Esfuércense por mantener la unidad del Espíritu mediante el vínculo de la paz». Efesios 4:2–3

«Nosotros, en cambio, por obra del Espíritu y mediante la fe, aguardamos con ansias la justicia que es nuestra esperanza». Gálatas 5:5

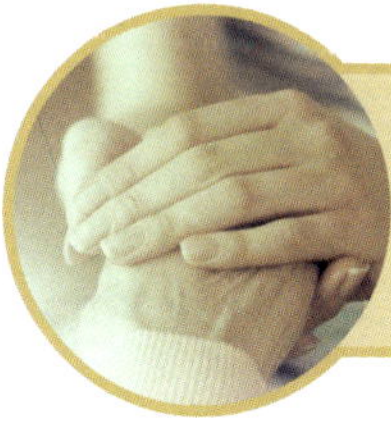

Amabilidad

DEFINICIÓN

La amabilidad es ser misericordioso, dulce y tierno. La amabilidad es ansias de hacer que los demás se sientan a gusto. Es un temperamento atractivo que muestra respeto amistoso.

EL EJEMPLO DE JESÚS

«Y en unión con Cristo Jesús, Dios nos resucitó y nos hizo sentar con él en las regiones celestiales, para mostrar en los tiempos venideros la incomparable riqueza de su gracia, que por su bondad derramó sobre nosotros en Cristo Jesús». Efesios 2:6-7

«Al ver a las multitudes, tuvo compasión de ellas, porque estaban agobiadas y desamparadas, como ovejas sin pastor». Mateo 9:36

EL ESPÍRITU SANTO Y LA AMABILIDAD

«Pero cuando se manifestaron la bondad y el amor de Dios nuestro Salvador, él nos salvó, no por nuestras propias obras de justicia sino por su misericordia. Nos salvó mediante el lavamiento de la regeneración y de la renovación por el Espíritu Santo». Tito 3:4–5

Bondad

DEFINICIÓN

La bondad significa ser abnegado y sincero. Es el deseo de ser generoso con los demás más allá de lo que merecen.

EL EJEMPLO DE JESÚS

«Me refiero a Jesús de Nazaret: cómo lo ungió Dios con el Espíritu Santo y con poder, y cómo anduvo haciendo el bien y sanando a todos los que estaban oprimidos por el diablo, porque Dios estaba con él». Hechos 10:38

EL ESPÍRITU SANTO Y LA BONDAD

«Enséñame a hacer tu voluntad, porque tú eres mi Dios. Que tu buen Espíritu me guíe por un terreno sin obstáculos». Salmos 143:10

«… Pedimos que Dios les haga conocer plenamente su voluntad con toda sabiduría y comprensión espiritual, para que vivan de manera digna del Señor, agradándole en todo. Esto implica dar fruto en toda buena obra, crecer en el conocimiento de Dios». Colosenses 1:9–10

Fidelidad

DEFINICIÓN

Fidelidad significa ser confiable, leal y estar lleno de confianza. La fidelidad es firme devoción a Dios, lealtad a los amigos y confiabilidad para llevar a cabo las responsabilidades. La fe es la convicción de que incluso ahora Dios está trabajando y actuando a tu favor.

EL EJEMPLO DE JESÚS

Jesús fue fiel a la voluntad de Dios Padre: *«Entonces se separó de ellos a una buena distancia, se arrodilló y empezó a orar: "Padre, si quieres, no me hagas beber este trago amargo; pero no se cumpla mi voluntad, sino la tuya"».* Lucas 22:41–42

«Cristo, en cambio, es fiel como Hijo al frente de la casa de Dios. Y esa casa somos nosotros, con tal que mantengamos nuestra confianza y la esperanza que nos enorgullece». Hebreos 3:6

EL ESPÍRITU SANTO Y LA FIDELIDAD

«En él también ustedes, cuando oyeron el mensaje de la verdad, el evangelio que les trajo la salvación, y lo creyeron, fueron marcados con el sello que es el Espíritu Santo prometido. Éste garantiza nuestra herencia hasta que llegue la redención final del pueblo adquirido por Dios, para alabanza de su gloria». Efesios 1:13–14

Humildad

DEFINICIÓN

La humildad es ser sencillo, calmado y agradable. Un comportamiento humilde está cimentado en una posición de fuerza y autoridad, y es útil para calmar la ira de otras personas. La humildad no es una cualidad débil y pasiva.

EL EJEMPLO DE JESÚS

«Vengan a mí todos ustedes que están cansados y agobiados, y yo les daré descanso. Carguen con mi yugo y aprendan de mí, pues yo soy apacible y humilde de corazón, y encontrarán descanso para su alma. Porque mi yugo es suave y mi carga es liviana». Mateo 11:28–30

EL ESPÍRITU SANTO Y LA HUMILDAD

«Hermanos, si alguien es sorprendido en pecado, ustedes que son espirituales deben restaurarlo con una actitud humilde. Pero cuídese cada uno, porque también puede ser tentado». Gálatas 6:1

«Si el Espíritu nos da vida, andemos guiados por el Espíritu. No dejemos que la vanidad nos lleve a irritarnos y a envidiarnos unos a otros». Gálatas 5:25–26

Dominio propio

DEFINICIÓN

El dominio propio significa restringir las emociones, las acciones y los deseos de uno y estar en armonía con la voluntad de Dios. El dominio propio es hacer la voluntad de Dios, no vivir para uno mismo.

EL EJEMPLO DE JESÚS

«Cuando proferían insultos contra él, no replicaba con insultos; cuando padecía, no amenazaba, sino que se entregaba a aquel que juzga con justicia». 1 Pedro 2:23

EL ESPÍRITU SANTO Y EL DOMINIO PROPIO

“«Así que les digo: Vivan por el Espíritu, y no seguirán los deseos de la naturaleza pecaminosa». Gálatas 5:16

«Pues Dios no nos ha dado un espíritu de timidez, sino de poder, de amor y de dominio propio». 2 Timoteo 1:7

¿Cómo podemos orar en el Espíritu?

«Orar en el Espíritu» se menciona dos veces en el Nuevo Testamento: Efesios 6:18 y Judas 20. Orar en el Espíritu significa orar de acuerdo con las instrucciones y la orientación del Espíritu. Cuando permitimos que nuestras oraciones sean guiadas por el Espíritu Santo, oramos de acuerdo con la voluntad de Dios.

> «La oración es un arte que solo el Espíritu puede enseñarnos. Él es el dador de todas las oraciones».
>
> **CHARLES SPURGEON**

El Espíritu de Dios es el Espíritu de la oración. Jesús prometió la presencia del Espíritu en la vida de Sus discípulos (Juan 14:16–17). Una de las tareas cruciales del Espíritu Santo es inspirar y guiar nuestras oraciones. Cuando nuestras debilidades nos impiden relacionarnos con Dios correctamente, el Espíritu intercede por nosotros, es decir, Él defiende nuestra causa ante Dios:

> *«Así mismo, en nuestra debilidad el Espíritu acude a ayudarnos. No sabemos qué pedir, pero el Espíritu mismo intercede por nosotros con gemidos que no pueden expresarse con palabras. Y Dios, que examina los corazones, sabe cuál es la intención del Espíritu, porque el Espíritu intercede por los creyentes conforme a la voluntad de Dios».* Romanos 8:26–27.7

Podemos estar seguros de que el Espíritu ora con nosotros, y transforma nuestras oraciones en lo que deberían ser.

Diálogo, no monólogo

Si entendemos que orar es comunicarse con Dios, entonces podremos ver la oración más plenamente como un diálogo, en lugar de un monólogo nuestro. La oración es una conversación en dos direcciones; la otra mitad de nuestra adoración ante Dios es la guía de Dios y Su claridad respecto a la voluntad Suya para nosotros. Del mismo modo que alcanzar a Dios en Espíritu es solo posible a través de la verdad de Cristo (Juan 4:24), así también la guía y la enseñanza de Dios nos es dada solo por medio de Cristo a través del Espíritu (Juan 14:26; 15:26; 16:12–14).

¿Qué es la blasfemia contra el Espíritu Santo?

Jesús dijo: «Les aseguro que todos los pecados y blasfemias se les perdonarán a todos por igual, excepto a quien blasfeme contra el Espíritu Santo. Éste no tendrá perdón jamás; es culpable de un pecado eterno» (Mar. 3:28-29).

El tema de la blasfemia contra el Espíritu ha preocupado a muchos lectores de la Biblia. La blasfemia implica una expresión o acción que difama a Dios intencionalmente. Las blasfemias en contra de Dios están prohibidas en el tercer mandamiento (Ex. 20:7). Sin embargo, las personas regularmente usan el nombre de Dios de formas inapropiadas, y son perdonadas. El nombre de Jesús es objeto de injurias, pero el mismo Cristo enseña que estas cosas pueden ser perdonadas (Luc. 12:10). ¿Qué hace que la blasfemia del Espíritu Santo sea diferente?

Jesús se refiere, al parecer, a algo más serio que simples palabras o acciones dirigidas contra el Espíritu de Dios.

¡El contexto nos ayuda a percatarnos de que los acusadores de Jesús estaban insistiendo en que el Espíritu de Jesús (el Espíritu Santo) era demoníaco, satánico y malvado (Mar. 3:30)!

La idea, al parecer, no es que la ofensa proferida no pudiera ser perdonada, sino que sus palabras podían traer como consecuencia que los oradores rechazaran la única oferta de salvación de Dios.

¿Por qué? Porque el Espíritu Santo es el último testigo de Dios para mostrarnos a Cristo y Su salvación. Si finalmente y de manera total, las personas ignoran el susurro del Espíritu en el oído o el grito de Su voz en la creación y la historia, no puede haber perdón, porque no habrá regeneración, ni conversión, ni arrepentimiento.

La blasfemia del Espíritu Santo está, por lo tanto, vinculada a una de las obras más importantes del Espíritu: la revelación. Al final, es el Espíritu de verdad, el Espíritu de revelación, el que debe convertir las mentes y los corazones de la raza humana.

¿Qué es el bautismo del Espíritu Santo?

El significado literal de la palabra bautismo es «sumergir» o «hundir en o debajo». Algunos cristianos creen que el bautismo del Espíritu Santo (o el bautismo en o con el Espíritu Santo) ocurre en el momento de la salvación. Es decir, cuando una persona cree en Cristo, el Espíritu los coloca «en Cristo» o los sumerge en Su cuerpo (1 Corintios 12:13). Este suceso puede o no estar acompañado por algún tipo de expresión externa. Desde este punto de vista, el acto secundario de someterse al bautismo en agua (también llamado bautismo del creyente) actúa como una poderosa expresión externa de esta realidad espiritual interna.

Otros cristianos creen que el bautismo del Espíritu Santo ocurre después de la salvación. Es decir, que es una «segunda bendición» especial dada por Dios para capacitar a las personas para el servicio y el crecimiento en la fe (Mat. 3:11; Hech. 1:5; 2:33, 38).

Cualquiera que sea la opinión que uno tenga, esto está claro: del mismo modo que el bautismo en agua sirve como una especie de iniciación en la vida cristiana y lo identifica a uno como seguidor de Jesús, así también, aquellos de nosotros que hemos experimentado el bautismo del Espíritu debemos vivir vidas que muestren que estamos «en Cristo». ¿Acaso demostramos nuestra identificación con Cristo en la manera como pensamos, hablamos, decidimos, interactuamos, trabajamos y jugamos? ¿Buscamos en el Señor y en Su Espíritu, el poder para vivir de una manera que lo honre y bendiga a los demás?

¿Puede un cristiano perder el Espíritu Santo?

No, alguien que ha depositado su confianza en Jesús como Salvador no puede «perder» el Espíritu Santo. Dios nos ha dado el Espíritu como un «sello» y una «garantía que asegura nuestra herencia» (Ef. 1:13–14). El Espíritu Santo es nuestra garantía de que Dios cumplirá Su promesa de otorgar vida eterna a todos los que vengan a Él por medio de Cristo.

En los tiempos del Antiguo Testamento, Dios daba Su Espíritu a individuos particulares para el servicio, y algunas veces les retiraba el Espíritu si un individuo pecaba. Por ejemplo, David oró en el Salmo 51:11: «No me alejes de tu presencia ni me quites tu santo Espíritu». Sin embargo, en el Nuevo Testamento, se les promete el Espíritu Santo de forma permanente a todos los que crean en Jesús (Juan 14:16).

¿Qué significa agraviar al Espíritu?

En Efesios 4:30, el apóstol Pablo exhorta a los creyentes a que: «No agravien al Espíritu Santo de Dios ...». Esto destaca la condición de persona del Espíritu Santo; una cosa, un «eso» no puede sentir tristeza.

Entonces, ¿cómo evitamos agraviar al Espíritu Santo en nosotros? El contexto del versículo 30 nos da una pista. Aquí, el apóstol Pablo recuerda a los creyentes que debemos:

- Tener cuidado con lo que decimos («evitar toda conversación obscena», «no calumniar», «decir solo lo que es para necesaria edificación», versículo 29).
- Evitar convertirnos en personas amargadas y enojadas («Abandonen toda amargura, ira, gritos», versículo 31).
- Tratar a los demás como lo hace Cristo («bondadosos, compasivos, indulgentes», versículo 32).

Cuando nos comportamos de forma pecaminosa, especialmente cuando tratamos a otros de una manera diferente a como Cristo lo haría, esto agravia al Espíritu Santo. Esto es lo opuesto al fruto del Espíritu que Él quiere hacer crecer en nuestra vida.

¿Qué significa apagar el Espíritu?

Pablo les advierte a los creyentes en su carta a los tesalonicenses: «No apaguen el Espíritu» (1 Tes. 5:19). El simbolismo es el de una llama que se extingue: se apaga. Algunas versiones de la Biblia traducen la palabra apagar como sofocar, suprimir o restringir.

Inmediatamente después de que Pablo advierte a los creyentes que no apaguen el Espíritu, él dice: «No desprecien las profecías, sométanlo todo a prueba, aférrense a lo bueno, eviten toda clase de mal» (vv. 20–22). Cuando vemos la obra del Espíritu Santo en nuestra vida y en las vidas de otros creyentes y tratamos de detenerlo, reprimirlo o ignorarlo, estamos apagando el Espíritu.

No está mal ser cauteloso. De hecho, Pablo dice «sométanlo todo a prueba» y «eviten toda clase de mal». Pero cuando vemos la buena obra del Espíritu Santo, siempre debemos recordar que Pablo dice: «aférrense a lo bueno» (v. 21).

«Respira en mí, oh, Espíritu Santo, para que mis pensamientos puedan ser todos santos. Actúa en mí, oh, Espíritu Santo, para que mi trabajo también pueda ser santo. Atrae mi corazón, oh, Espíritu Santo, para que solo ame lo que es santo. Fortaléceme, oh, Espíritu Santo, para que defienda todo lo que es santo. Guárdame pues, oh, Espíritu Santo, para que yo siempre pueda ser santo».

SAN AGUSTÍN